Tänä yönä olen yksin

Esa Pesonen

Tänä yönä olen yksin

runoja

Kustantaja: BoD – Books on Demand, Helsinki, Suomi
Valmistaja: BoD – Books on Demand, Norderstedt, Saksa

ISBN: 978-952-80-6711-5

SISÄLTÖ

MARMORIVAINAJAT

Marmorivainajat jähmettyneinä
keskellä jäistä erämaata.
He katselevat meitä niistä asennoista,
joihin kuolivat.
He tulivat valloittamaan maata,
mutta kohtasivat kuoleman.
Jäätyivät sijoillensa,
ajatellen lyhyttä elämäänsä,
ja elämää,
jonka olisivat voineet saada.

KENRAALIN KATUMUS

Hän muistaa kaikki ne sotilaat, jotka lähetti kuolemaan.
Taistelun aikana hän vaati uskollisuutta,
vihasi pelkureita ja erotti everstejä.
He kaikki tulevat kenraalin painajaisiin,
joista sodan uljuus on kadonnut.
Kenraali katuu, taas kerran.
Katuu ja kärsii.
Kenraali näkee sotilaiden kauhut.
Jumala ei ole hänelle
armollinen ja anteeksiantava.

VAINAJAN TERVEHDYS

Jos väittäisin,
ettei minua harmittanut lähteä elämästä,
olisi se valhe.
En kerro teille millaista täällä on,
sillä te menette rikki
pienimmästä kosketuksesta.

Kaikesta huolimatta,
haluaisin nähdä miten ihminen kehittyy,
mutta siihen minulla ei riitä aika.

Mitä ihminen rakentaa,
mitä ihminen tekee,
kaikki jää minulle arvoitukseksi.
Ehkä minä saan sen tietää,
sillä meistä kuolleista kuorista
rakennetaan universumi.

En nähnyt turhaan painajaisia eläessäni,
ne kamalat unet olivat aivan totta.

En kadu sanomisiani, en tekemisiäni,
sillä en tule takaisin,
en sellaisena kuin luulette.
Ei minua täällä enää katumus kiinnosta.

PUNAISEN KUOLEMA

Katsoit teloittajiasi silmiin.
Sinulla ei ollut syytä piilottaa katsettasi.
Tiesit, että tämä olisi loppusi.
Tiesit, miksi taistelit.
Kohta olet kuollut.
Sinua ei ole.
Oliko tämä kaikki turhaa?
Et tunne heitä, jotka ampuvat sinut kohta.
Hekään eivät tunne sinua.
Jos tuntevatkin, ampuvat silti.
Et halua armoa.
Et edes saisi sitä.
Tiedät, että tämä on loppusi.
Parempi kuolla tuntemattomana.
Kyllä he tietävät, että kuolit.
Kaksikymmentäkahdeksan vuotta elit.
Jotain koit.

Kohta katsot taivasta,
joka ei ota punaista sydäntä vastaan.
Kyllä sinä vihasitkin,
siksi olet siinä.
He, jotka sinut ampuvat,
vihaavat vielä enemmän.
Heillä on aseet.
Omasi heitit ojaan.
Taistelusi on ohi.
Tiesit sen päättyvän.
Laukaukset sattuivat hetken.
Ehdit ymmärtämään,
etteivät ne osuneet sydämeen.
Et pelännyt,
tiesit kuolevasi.
Ja kun sinuun osui,
et ajatellut mitään.

PIKKU-ANNA

Pikku-Annan hauta hautausmaalla.
Unohdettuna, mutta ei tuhottuna.
Kaivaten Äiti ja Isä. Jo kauan sitten kuolleet.
Kuka muistaa Annaa?
Kuka hänen haudalleen kukkia yhä vie?

KLEOPATRA

Naisen kaipuu ei koskaan hellitä.
Yöllä se tekee heikot epätoivoisiksi.
Esplanadilla herrat ja rouvat ryyppyä vaalien ja vaatien.
Pullo vaihtaa omistajaa, raha myös.
Silloin sinä ilmestyt, Kleopatra,
sinä ja kovanyrkkiset toverisi.
Aikana, jolloin Helsinki oli oman itsensä vanki,
ja viina ei virrannut vapaasti.

Pian on mies ilman rahojaan.
Himo jäljellä ja muutama mustelma.
Kaipuu eksoottiselta vaikuttavaan ihoosi koitui kalliiksi,
mutta viinalla siitäkin selviää.

PALVELIJATTAREN PAKO

Hänen elämänsä jäi uutiseksi päivälehdessä.
Vaatimaton oli hänen alkunsakin.
Loppu sentään huomioitiin.
Kukaan ei tiedä, mitä hän pakeni.
Kukaan ei tiedä, mistä hän tuli.
Kukaan ei tiedä, miksi hän oli.
Ei hän itsekään tiennyt.
Osasiko niin ajatellakaan?
Aamun valjettua hän löytyi kuolleena meren jäältä.
Lumi ja jää olivat häntä hyväilleet.
Hyväily oli hellempi kuin ne hyväilyt,
joita hän sai miehiltä.
Puhuttiin mielenhäiriöstä,
mutta hän ei enää puhu,
ei enää kerro, miksi ja milloin hän oli,
mitä pakeni alastomana,
puolivälissä pois Helsingistä.

PIMENNETTY HELSINKI

Pyhä maa odottaa pommeja.
Kuolemalla lunastettaisiin uskollisuus.
Ristiretkeilijät kalpaa myöten väärässä uskossa.

Huuda ja juokse ihmisiä karkuun. Pakene.
Pysähdy ja ottele. Taivaalla leimuaa.

Hyökkäys on pysähtynyt.
Vihollinen torjuttiin.
Taivas on jälleen vapaa.
Sankarit kävelevät yksin.

Täydellinen hiljaisuus.

SEINEN TUNTEMATON

Seineen uponnut nostettiin joesta
onnellinen hymy kasvoillaan.
Vain kuusitoista iältään, arvioitiin.
Hän jäi elämään kaikkien yllätykseksi.
Hän oli kuolinnaamio,
joka koristi synkkien taiteilijoiden asuntoja.
Maailman kuuluisin Nimetön.
Miksi hän hymyili kuollessaan?
Sitä ei meille kukaan kertonut,
sillä tätä onnellista ei kaivattu.
Kuolemako oli hänelle ilo?
Siksikö hymyili?

SURUKOTI

Papilla on taas asiaa.
Surukoti seisoo paikallaan.
Surukoti odottaa surijoitaan.
Me kaikki tulemme kuolemaan.
Surukodissa on nähty kuolemaa.
Surukodissa nähdään kuolemaa.
Elämä vaatii veronsa.
Surukoti seisoo paikallaan.

PITKÄ AIKA

Kolmekymmentäyhdeksän vuotta
hän makasi paikallaan vuoteessaan.
Heräämättä kertaakaan näkemään maailmaa,
rakastelematta vaimoaan,
voivottelematta kaiken kalleutta.
Ihmettä ei koskaan tullut,
ei sellaista,
joka olisi hänet herättänyt.
Vaimo huolehti hänestä kuolemaan asti,
houkutukset eivät vieneet vaimoa,
niin kuin houkutukset veivät kerran miestä.
Kuolema sai tulla rauhassa.
Kuolemalla ei ollut kiire.
Se sai katsella kohdettaan,
tutustua,
kunnes mies oli jo vanha tuttu.

LÄHETTILÄS KUMMITTELEE

Lähettiläs kuoli vieraassa maassa kesken työtehtävien,
maassa,
jossa ei puhuttu hänen kieltään
kuin poikkeustapauksissa.

Nyt lähetystössä kummittelee.
Paperit yhä lähettilään pöydällä,
allekirjoittamatta,
odottamassa uutta lähettilästä,
joka ensi töikseen tuhoaa vanhat paperit.

YKSINÄISTEN KATU

Yksinäisten kadulla
lähellä puistoa,
jonka korkeiden talojen torneista
nuoret miehet
pudottautuvat kuolemaansa.

He luulevat nähneensä perkeleen,
jota eivät pääsisi pakoon.

He ovat uhmakkaita,
koska luulevat neitojen huomaavan sen.

He kuuntelevat muiden ajatuksia,
eivät itseään.

Yö ei tuo heille
vastausta, ei rauhaa.

SUUDELMIA HIETANIEMEN HAUTAUSMAALLA

Ensiksi vähän viiniä. Sitten vielä lisää viiniä.
Olimme päättäneet etsiä Mika Waltarin haudan.
Oli perkeleen kylmä ja pimeä. Tuulikin.
Hauta ei tahtonut löytyä.
Löytyihän se.
Sitten hieman suudelmia Hietaniemen hautausmaalla.
Kevyitä, ei uskallettuja.
Huomasin, että minä ajattelin toista.

PARATIISI ON MENETETTY, JUUDAS

Paratiisi on menetetty,
Juudas kertoi.
Kristus pyysi minut
pettämään itsensä,
Juudas jatkoi.
Juudas petti.
Kaikki pettävät
lopulta ihanteensa.
Vain osa myöntää olevansa Juudaksia,
ennen kuin tunnustavat
rakkauden koskevan
kaikkia armon kerjäläisiä.

KUOLLEET ETSIVÄT MINUA

Joka yö kuolleet saapuvat hakemaan minua.
Yksi kerrallaan muistoistani.
He etsivät minua huoneista,
joissa en enää ole.
Ottavat kiinni kun putoan, suutun tai kadun.
Vielä he eivät ole saaneet minua mukaansa.
Ehkeivät he vain uskalla pyytää.
Etsivätkö kokonaan väärästä huoneesta?

MAAN ALLE JÄTETYT

Vanha lantti
vanhan kirkkopuiston uumenissa.
Sinne se jätettiin, luiden seassa se makaa.
Eivät luut tai lantti välitä ihmisistä,
jotka heidän yllään kuljeskelevat.
Elävillä ei ole ajatteluun aikaa,
kun historiaan vaipuneet
osaavat olla osa ikuisuutta vailla vaatimuksia.

MUSTA HARSO

Musta harso meidän kaikkien yllä.
Jotkut siitä vapautuvat,
toiset se verhoaa loppuun asti.
Joidenkin yllä se näyttää kauniilta,
toiset se tekee rumaksi.
Joiltakin se peittää sielun,
toisilta se repii sielun auki.
Joillekin se antaa lohtua,
joiltakin se vie kaikki.

RUNO YKSINÄISYYDESTÄ KERROSTALOSSA

Alakerrassa haisee.
Siellä pinttyneen kusen keskellä asustaa mies.
Usein hänet näkee ovensa takana,
avaimet hukassa,
avaajaa pyytäen,
joka ei koskaan saavu.
Rikkinäisin saappain
hän aamuyöstä lähtee tölkkien etsintään.
Aina jotain löytää, toiset kun heittävät kaiken pois.
Mitä mies rahoillaan ostaa,
kaljan vai ruisleivän?
Aina hän lähtee,
laihana ja reippaana kuin vinttikoira.
Mikä häntä odottaa kotonaan?
Ei yksikään, mutta yksinäisyys.

HALVAT IHMISET

He, jotka etsivät kauppojen oransseja alennuslappuja.
Heistä on tämä maa luotu.
Nuo hiljaiset sinnittelijät eivät valita tuoreudesta,
eivät huomauta alennuksista,
eivät edes viimeisestä myyntipäivästä.
Heille kelpaa se, mikä menee vanhaksi, mikä jää yli.
He eivät ole eksoottisia,
heidän hätänsä vielä vähemmän kiinnostavaa.
He muistuttavat ikävästi siitä,
että hyvinvointivaltio vuotaa.
Heidän hätänsä on niin arkista,
että se on normaalia,
ikävystyttävä tahra hyvinvointivaltion kilvessä.

JOULUNA RUOKAJONOSSA

Jono kiertää rautatientorin ympäri useampaan kertaan.
Se on kuin mato,
joka etsii maasta paikkaansa.
Täällä etsivät helpotusta
köyhät ja raskautetut.
Joku möykkää humalassa,
useimmat ovat hiljaa.
Joulupukkikin paikalla ihmettelee.
Presidenttiä ei paikalla näy.
Mietteliäs Aleksis Kivi
katsoo tätä näytelmää
paikalleen jähmettyneenä.
Jouluna nälkäiset eivät ole harmaita haamuja.
Jouluna ihminen on ihminen.
Silloin sekin ansaitsee leivoksia,
eikä pelkkää Jumalan sanaa.

KELLO YHDEN MIES

Hän saapuu kapakkaan aina kello yksi yöllä.
Mitä hän tekee muun ajan, sitä ei kukaan tiedä.
Hän ei puhu.
Lukee lehdet vain.
Sitten lähtee pois.
Katoamistemppu kerta kaikkiaan.
Koskaan hän ei kuitenkaan katoa.
Hän palaa aina takaisin.
Eikä kukaan tunne häntä.
Kunnes hän saapuu jälleen kello yksi.

KRAPULAISEN RUKOUS

Kirkonkellot soi.
On taas sunnuntai-aamu.
Ahdistaa.
Pelottaa, kuolen.
Kaikkea samaan aikaan.
Krapulaisen rakkaus on katoavaista,
mutta rukous pysyy.
Isä Jumala, anna olon olla parempi.
Muutun kyllä, olen hienompi.
Annathan Isä Jumala,
tämän kerran vielä, anteeksi.
Lopetan sitten juomisen.
Krapulaisen rukous,
unohtuu kyllä.

YKSIJALKAINEN LOKKI

Yksijalkainen lokki kalkattaa Eerikinkadun kulmassa.
Kapakan edessä se päivystää, kuka tietää miksi.
Ehkä se vain odottaa jotain tapahtuvaksi.
Se kun ei viihdy muiden lokkien seurassa.

Yksikin rujo, rikkinäinen jalka riittää sille.
Ruokaa se ei keneltäkään kaipaa,
tuijottaa vain, kukaan ei sitä huomioi.
Vaivoin se lentää autojen tieltä,
mutta lentää kuitenkin.

Lokki taitaa miettiä,
että yhdelläkin jalalla on mentävä eteenpäin,
jos näin oli määrä olla.

UNOHDIN HUIVINI ELITEEN

Unohdin kaulahuivini Eliteen,
en hakenut sitä takaisin.
Niin monessa paikassa olen käynyt,
harvaan olen jäänyt.
Siitä kulttuuriravintoloiden
kuolleet sielut
minua alituiseen muistuttavat.
Se, mitä joskus luulin,
ettei voi olla, on.
He muistuttavat alituiseen
haluttomuudestani
olla kuollut sielu.

LENTOHIEKKAA SAHARASTA

Lentohiekkaa Saharasta
satoi maahan, jossa ei saa tanssia ja laulaa.
Tuhansien kilometrien päästä turhaa hiekkaa,
täällä se näyttää vain ruskealta läjältä
sulavan lumen päällä.
Se on yhtä mitätöntä
kuin turpaansa tuhannen kerran saanut puliukko.
Se on yhtä rumaa
kuin dobermannin raatelema kotirouva
lahjaostokset ympärillään.
Se on yhtä julmaa
kuin hakatun toverinsa päälle kusevat pojat.
Se on vain hiekkaa,
sekoittuu muun hiekan joukkoon,
ennen kuin se lakaistaan pois.

SAATTAISI OLLA KRISTUS

Kapakan tupakkahuoneessa
hän luuli
terrorismin tai lahkolaisuuden olevan ratkaisu
turruttavaan varmuuteensa
epäonnistumisestaan.
Onneksi häntä kuunteli
vain yksi nainen,
jos heitä olisi ollut useampi,
saattaisi hän olla heille Kristus.

BOHEMIAN KADUT

Näillä kylmillä kevään päivillä on paljon lupausta.
Ihmiset kulkevat kaduilla kuin eivät tietäisi sitä.
Elämä soljuu eteenpäin niin kuin ennenkin.
Jossain kolkuttaa kello. Aikaa on vielä.

Bohemian kadut eivät enää toimi. Niiden täytyy mennä.
Niille löytyy kulkijoita. Ne kadut eivät koskaan lopu.

Kulkijat väsyvät, kuulevat vain muiden puheen.
Eksyminen on enemmän kuin todennäköistä.

Me, jotka olemme saaneet täällä elää,
emme oikeastaan tiedä, keitä me olemme.
Meille on se kerrottu muiden toimesta,
mutta se on vain heidän mielipiteensä.

MORSIAN LÄHTI

Palautettu kihlasormus
kuolleen miehen pöydällä.
Morsian petti, elämä hylkäsi.
Morsian lähti, elämä meni.
Ostettuja lahjoja,
koko rakkaus niissä.
Tallella vain kihlasormus.
Hän pyysi rakkautta,
kunnes tajusi,
ettei sellaista ollut,
edes saduissa.
Ei hänelle.
Hän tiesi,
ettei rakkaus ollut hänen,
morsiankin muiden.

PARANTAVAA VOIMAA PÄÄLLENI

Näit unta, että kuolin.
Heräsit ja huomasit,
ettei se ollut totta.

En minä niin helpolla kuole.
Elän, hengitän ja huudan takaisin.
Nousen ylös, kaadun maahan ja taas nousen.
Ei minua mikään kaada.

Olin alkuun huolissani.
Olin antanut jo kauan kuolemalle lomaa.
Silloin ei tarvitse pyytää anteeksi,
jos sydän pysähtyy.

JÄÄT MURTUVAT

Jokien jäät murtuvat ryskyen,
luvassa on tulvakevät.
Joutsenet räpiköivät yhä jäisissä joissa,
uljuus on tiessään.

Istun kipeänä ja itken,
sillä maata ja nukkua en saata.
Koetan muistella,
kuinka hengittää,
että jaksaisi kävellä perille asti.

Tämä saattaa olla viimeinen kesä,
jolloin kuulen käen kukkuvan.
Käki hylkää poikasensa.
Toiset linnut taas kasvattavat
käenkin poikaset vertailematta ulkonäköä.

Odotan, että paranen,
ei käki kuku syksyllä.
Se on karannut jo etelään.

KATSELEN SINUA

Katselen sinua,
jota kaikki rakastavat.
Katselen sinua,
joka ostaa kymmenen itämaista mattoa kerralla.

Sinua seuraan loppuun asti.
Katselen sinua.
Hymyilen ja suren.

MINUSTA JÄÄ JÄLKIÄ

Lopetin kasvojeni huuhtomisen kauan sitten.
Se oli turhaa,
en saanut puhdistettua itseäni liasta,
jonka olen itseeni kerännyt.

Minusta jää jälkiä kaikkialle.

Rukoilla en osaa,
raivota vain ajoittain.

Paeta osaan sujuvasti.

UINNILLA KELLO 7

Sinun kanssasi uimassa.
Valvoimme koko yön.

Aamulla kello seitsemän
sinä halusit uimaan.

Minä halusin nukkumaan.

Sinua ei saanut millään nukkumaan.
Peittelinkin sinut jo.

Sitten paljain jaloin
kävelemme hiekkarannalla.
Käskit kenkäni pois.
Hiekka tuntui hyvältä jaloissa,
mutta kivet raapivat.

Sitten löydämme suojaisen poukaman.
Ketään ei näy missään.
On kesän viimeinen aurinkoinen päivä.

Sinä riisuudut ja menet uimaan. Minä en.

Katselen sinua rannalta hiljaa.
Sinulla on kylmä.
Arvasin sen.

Kun tulet takaisin rantaan,
autan sinua pukeutumaan.

LOKAKUU MAANTIELLÄ

Sateinen lokakuu maantiellä.
Minä ajan kanssasi eteenpäin.

Molemmat olemme väsyneitä.
Emme nukkuneet,
vaikka äitisi ravitsi meitä.

Minua on hoidettu haavoihini
ja myös minä hoidan sinua.

Tie katoaa välillä silmistäni,
toisella katson sinua.

Meidän matkamme käy sinne,
missä joskus olit.

On hyvä tuntea sinut.

ESPLANADILLA ANTEEKSIPYYNTÖ

Taas kerran kuljen Esplanadia pitkin.
Pyytämään anteeksi, tietenkin.
Loukkasin sinua, varmaankin.
Sinä et tehnyt mitään, tietenkään.
Ostamani liljat auttavat ensihätään.
Parempi kun en olisi kirjoittanut tätäkään.
Sillä ei ole merkitystä, milloin menen, milloin tulen.
Esplanadin harvinaisilla lumilla kuljen.

NÄEN SILMISSÄSI SURUA

Näen silmissäsi surua,
sanoi haavoittunut tyttö.
Toden totta surua,
hiljenin kuunnellessani häntä,
haluamatta puhua sen enempää asioista,
joille en voi mitään.

NAINEN VIIMEISELLÄ PENKILLÄ

Nainen istuu rantabulevardin viimeisellä penkillä.
Hän ajattelee omiaan.
Ei hän minulle kaikkea kerro,
vaikka tapanani on turhaan kysellä.
Hän istuu penkillään ja miettii,
mikä meni pieleen,
ja mitä voisi vielä saada.
Kylmä merituuli puhaltaa,
vaahtopäitäkin näkyy.
Poissa kesän lämpö, riemu ja viini.
Kohta minun on aika poistua.
Kunpa hän kuuntelisi ja uskoisi,
että kaikki on oikeastaan hyvin.

MINÄKIN VUODAN VERTA

Rankka yö.
Nähdä joka puolelta ja kaikki.
Tuntea, että jotain on tulossa.
Rakastaa ikuisesti.
Se, mikä on liikaa on liian vähän.
Musta on kaunista.
Elämä alkaa ja loppuu.
Tunnustus tekee hyvää sielulle.
Jos minua lyödään, minäkin vuodan verta.

HÄN OPETTELEE HYMYILEMÄÄN

Hän iloitsee uudesta hymystään.
Hän sanoo, ettei ole hymyillyt aikoihin.
Hän sanoo, että opettelee nyt hymyilemään.
Ja korjaa samalla huulipunaansa.

Minusta hän on hymyillyt aina.
Sellaista hymyä, jonka vain hän osaa.
Siihen ei tarvita edes huulipunaa.

MECHELININKADUN LEHMUKSET

He kaatoivat Mechelininkadun lehmukset.
Ne olivat kuulemma lahonneet.
Se, mikä oli joskus kaunista on nyt rumaa ja paljasta.

Noita lehmuksia katselin, kun kävin luonasi,
lehmukset kaatuivat sen jälkeen,
kun minäkin kaaduin.

Sinä olit minut jo unohtanut.

SINUN YMPÄRILLÄSI LÄMMIN VALO

Kaikki tiet johtavat kuolemaan.
Kivutonta kuolemaa ei ole.
Sinun ympärilläsi lämmin valo.
Se hohtaa minulle,
kun vain saisin siitä kiinni.

ISTUN JA ODOTAN

Odotan sinun
kulkevan ohitseni
alastomana tai ilman.

Valkoinen kukka,
jota pitää hoitaa,
laittaa veteen,
ettei se tukahdu.

Kirkas valo ja usko.
Rakkaus.

S I N U L L E

Kun odottaa valoa ja pimeys on laskeutunut,
kaikkialla odottaa toivo,
joka puolella luvataan helppoa elämää,
mutta helppoa elämää ei ole.

On niin paljon kauniita asioita,
kauniita ihmisiä,
sielun on helpoin olla rauhaton,
vaikka se tietää, että rauhaa on.

Rauha on jossain muualla,
rauha on sielussa,
se on ihmisissä.

Kun pimeys laskeutuu, sen voi voittaa,
se täytyy voittaa.

MENETYS

Kadotin sinusta kirjoittamani runot.
Kielsit minua kirjoittamasta sinusta.
En niillä runoilla tavoittaisi sinua.

Sanoit, ettet ymmärrä runojani.
Kirjoitin niitä kuitenkin.

Mitä luultavammin en koskaan näe sinua.
Niin taitaa olla parempi.
En koskaan kävele luoksesi.

Niin kävi, että minun täytyi kadota.

AAMUYÖLLÄ SAIRASVUOTEELLANI

Äänetön ambulanssi saapuu sinipunaisine valoineen,
nostokurki odottaa aamua ja uusia töitään.
Minun on pian lähdettävä kotoani.
Jätettävä kaikki.
Kaikki muukin on erääntynyt maksettavaksi.
Ei huomaamattani, mutta pakosta.
Sitä ennen minun tulee parantua.

Se, mikä on tapahtunut on tapahtunut,
ja sitten antaa mennä.

Minkä olen luullut olevan mahdotonta
on sittenkin mahdollista.

Silloin on turha pyytää lisää.

KUVITTELE VAPAUS

Helsinki ei uppoa mereen.
Meri sen edestä on kuollut.

Kuihtunut kuin auringonkukka
tyhjässä kossupullossa
Matti Pellonpään haudalla.

Kuvittele itsesi rikkaaksi
viimeisten leivänmurusten seassa.

Nukkuvasi puhtaissa lakanoissa
kauniin naisen kanssa.

Se voi olla kaunista ja epätodellista.

Mutta on se sen arvoista.

AUTATHAN

Autathan minua.
Auttakoon hän, jolla on voima.
Varjelkoon ja suojelkoon minua.
Rakastakoon minua.
Kun olen poissa, puhun taivaasta käsin.
Syvällä sisälläni on kipua, jota en hyväksy.
Miten voisin vaieta?

JEESUS RAITIOVAUNUN IKKUNASSA

Jeesuksen kasvot raitiovaunun ikkunassa.
Jeesus ilmestyy harvoin,
harvemmin kuin pyhimykset,
ja vielä harvemmin harmaana sateisena päivänä,
päivänä kuten tämä oli.

Silloinhan hänen pitääkin ilmestyä,
silloin kun ihmeet tuntuvat olevan kaukana.
Silloin, kun ihmiset istuvat yksin,
ajatellen olevansa jossain muualla,
toivoen ihmeitä olevan vielä olemassa.

VIHA ON ALIARVOSTETTU TUNNE

Rakkaus loppuu nopeammin kuin viha.
Viha on joka puolella.

Onko ihminen koskaan ymmärtänyt toista ihmistä?
Kuunteleeko hän toisessa vain sitä, mistä hän ei pidä?
Etsiikö hän virheitä sieltä, missä niitä jo on,
mutta ei sieltä, missä niitä ei tule olemaan.

Silloin kuin ihminen luotiin tai syntyi,
hänelle ei annettu vihaa.
Hänelle ei annettu mitään.

Kaikki syntyi myöhemmin: viha, rakkaus.
Onnesta on kiinni, kumpaan jää kiinni.
Kumman uhriksi joutuu.

KAHDEN AJAN VÄLISSÄ

Unessa olin
yksinäinen kulkija,
keskellä kylmintä talvea.
Kuolin katkerana miehenä,
pimeyden jokena
läpi Kongon tavoittamattomana.

Huomenna on sunnuntai,
voittajat eivät kaadu silloinkaan.

Olen kaikki ja en mitään,
mutta en voi näin paeta.

TÄNÄ YÖNÄ OLEN YKSIN

Tänä yönä kukaan ei tule luokseni.
Olen yksin, koska näin kohtaan pelon,
joka ei jätä minua rauhaan.
Tänä yönä olen yksin.

Nauran pelolle, joka joskus minua hallitsi.
Sieluni tietää miten sen täytyy olla, yksin,
koska uni tai elämä ei minua vapauta.

Niin paljon kuin sielu
huutaakin kosketusta, tiedän,
minun täytyy olla yksin.

Minulla on aikaa valvoa tämä yö.

UUSI EEDEN

Me kaikki haluamme Uuteen Eedeniin.
Ei häpeää elämästä, ei häpeää virheistä.
Kaikki korjattuna.
Kaikki anteeksiannettuna.
Paratiisi täydellisenä.
Kävelemme siellä yhdessä.
Käsi kädessä.

Hengitämme yhdessä
uutta Pyhää maata,
jota ei ole ehditty tahrata ja tuhota.
Maa, josta voimme olla ylpeitä.

RAKKAUDETON MESSIAS

Rakkaudeton siellä.
Mielessään Messias.
Joka puolella tyhjää.
Rakkaudettoman sanaa
ei kukaan kuule.
Hänen aikansa on mennä,
ei se rakkaus niin kummallista ollut.
Köyhä mies rakkaudeton.
Mielessään Messias.

BON VOYAGE

Hyvää matkaa,
minne ikinä menetkin.
Lähdön hetki,
se on vaikea.
Tulethan takaisin,
jos siltä tuntuu.

Kokoa sirpaleesi,
älä odota kevään tulevan.

Anna valkeuden tulla,
täyttää sinut viimeisen kerran.